LXXIV. RAISONS,

QUI PROUVENT

PLUS CLAIR QUE LE JOUR,

QUE LA

RENONCIATION

DE LA REYNE

DE FRANCE,

EST NULLE.

SOMMAIRE.

LA nullité de la Renonciation faite par la Reyne Marie Therese d'Austriche, aux Couronnes & Estats de feu Philippe IV. Roy d'Espagne son Pere, est prouvée par 74. Raisons avec les responses à 20. Objections que peuvent faire les Espagnols.

Soixante quatorze raisons qui prouvent plus clair que le jour que la Renonciation faite par la Reyne Marie Therese d'Austriche, aux Couronnes & Estats de feu Philippe IV. son Pere, est nulle.

Vingt Objections que peuvent faire les Espagnols.

Réponses à ces vingt Objections.

Le tout confirmé primo par les Loix. 2. Par le sentiment des Illustres Politiques. 3. Par l'avis des plus fameux Jurisconsultes. 4. Par des passages tirez de l'Histoire.

A 2   LXXIV.

LXXIV. RAISONS.

Remierement : l'on ne peut renoncer par un Contract de Mariage, ny par aucun autre acte à la
Loy fondamentale d'un Estat, d'autant
qu'une Loy fondamentale ne peut estre
abrogée, ou en tout, ou en partie, sans une
legitime assemblée d'Estats Generaux, con-
voquée par le Prince Souverain, non pour
abroger la Loy, mais pour donner avis sur
l'abrogation, ou sur la derogation à la Loy;
Et conformement à cet avis, le Prince abro-
ge la Loy, ou y deroge, par la force & par
le caractere de la puissance souveraine, qui
reside uniquement & incommuniquable-
ment avec luy. Ce n'est pas encore assez, il
la faut faire publier dans l'estendüe des E-
stats, autrement elle ne s'observeroit point
dans les Provinces où elle n'auroit pas esté
publiée, cela est incontestable.

Or par la Loy fondamentale d'Espag-
né, les Filles sont habiles à succeder à la
Cou-

Couronne d'Espagne, ne plus ne moins
que par la Loy Salique, qui est fondamentale en France, elles sont incapables de succeder à la Couronne. Dont la Reyne n'a
pas pû par son Contract de Mariage renoncer à la succession des Couronnes, &
Estats d'Espagne.

2. Si un Roy de France, mariant sa
Fille, convenoit qu'elle succederoit à la
Couronne de France, & que son mary ne
l'espouseroit pas sans cette condition, in-
dubitablement cette convention seroit
nulle, parce qu'elle derogeroit à la Loy
Salique, qui est la Loy fondamentale de la
Couronne. Donc par la mesme raison la
renonciation faite par la Reyne ne peut
subsister, d'autant qu'elle deroge à la Loy
fundamentale d'Espagne, laquelle appelle les Filles à la succession de la Couronne,
lors qu'elles n'ont point de Freres Ger-
mains consanguins, ou uterins, du costé
que le Roy leur Pere, ou la Reyne leur
Mere, possedoit la Couronne.

3. Charles VI. mariant sa Fille Catherine, avec Henry V. Roy d'Angleterre,
exhereda Charles VII. son Fils, & stipula
que Henry luy succederoit: cette exhere-
A 3

dation

6

dation sembloit authorisée par la presence de sa Majesté, par la bonne Foy, qui regne dans les actes, par une apparence d'Estats Generaux; par la publication qui en fut faite dans tous les tribunaux de France qui luy obëissoient, & si il ne s'est jamais trouvé personne qui n'ait soustenu que cette exheredation estoit essentiellement nulle, & que l'institution de Henry V. & de Henry VI. son Fils, & de Catherine ne fut invalide.

Par consequent cette Renonciation qui n'a point esté authorisée par les Estats Generaux d'Espagne, qui n'a point esté publiée dans leurs Chancelleries, ny dans les Royaumes & Estats dependans de l'Espagne, est entierement nulle, & comme non avenue.

4. Charles VII. eut dessein d'exhereder le Dauphin Louys XI. son Fils, & élever sur le throne le Duc de Berry son Puisné, mais les Estats Generaux luy remonstrerent que cela ne se pouvoit faire, & qu'il estoit inutile, tant il est vray qu'on ne peut alterer par Testament, ny par Contract de Mariage la Loy qui regle la succession des Royaumes.

5. La

5. La Renonciation des Filles mineures à des successions futures, n'a jamais esté introduite qu'à l'égard des successions particulieres ; encore ce n'est que depuis l'an 1532. pour deux raisons ; la premiere, à cause de l'incertitude de l'evenement des biens, lesquels peuvent diminuer & se perdre entierement ; la deuxiesme est en faveur des Enfans Masles. Or ces deux raisons cessent en ce rencontre ; car l'on ne peut pas dire que sa Majesté Catholique, qui alors concluoit la Paix avec la France, courust hazard durant la Paix de perdre ses Royaumes ; d'Ailleurs cette Renonciation n'est point en faveur des Masles; au contraire, à l'égard des Couronnes d'Espagne, elle n'est qu'en faveur de l'Infante qui est cadette de la Reyne, ou des Colateraux qui sont Allemans & Estrangers.

6. La Renonciation à des successions particulieres devient nulle, quand on ne donne point de Dot. Or la Reyne n'en a point eu, car n'avoir point de Dot, & n'estre payée dans le temps convenu, c'est la mesme chose, or la Reyne n'a point eu de Dot; car l'offre n'en a pas esté faite dans le temps promis.

A 4

7. Ces

7. Ces Renonciations mesme entre particuliers n'ont point de lieu, & pluſtoſt un
Pere eſt cenſé exhereder ſous ce pretexte
ſa Fille que de la dotter, lors que la Renonciation tourne à l'avantage des Enfans du
ſecond Lict.

8. Les Docteurs tiennent qu'une Fille mineure Leſée notablement par ſa Renonciation, en doit eſtre relevée.

9. Le droit a touſiours declaré une
Renonciation à des ſucceſſions futures
nulle.

10. Par le droit Canon ces Renonciations ſont nulles.

11. Les Docteurs tiennent qu'elles
n'ont point de force, bien qu'elles fuſſent
confirmées par ſerment.

12. La Renonciation faite par l'aiſné
au droit d'aiſneſſe en faveur du Puiſné par
Contract de Mariage fut caſſée par arreſt
du Parlement de Paris de 1584. & par un
autre du 14. Avril 1616.

13. Ces Renonciations bleſſent le pri-
vilege

vilege des mineurs, que les Loix de toutes les Nations restituent, quand ils sont tant soit-peu lesez.

14. Elles sont directement opposées aux Loix civiles qui deffendent toutes sortes de conventions concernans les successions futures.

15. Elles sont contraires à la pratique d'Espagne, & à la maison d'Austriche, car Isabelle femme d'Emanuel Roy de Portugal ne renonça point; Ny Jeanne Fille de Philippe premier, ny Catherine femme en premieres nopces d'Artus, & en secondes de Henry VIII. Roy d'Angleterre, ny Eleonore Femme d'Emanuel Roy de Portugal, & en secondes nopces de François I. ny Isabelle Femme de Christierne Roy de Dannemarck, ny Marie Femme de Louys Roy de Hongrie & de Boheme; ny Catherine Femme de Jean III. Roy de Portugal, ny Marie qui espousa Maximilian II. ny Jeanne mariée à Jean IV. Roy de Portugal, ny Elisabeth Claire Eugene, qui espousa l'Archiduc Albert, ny Catherine mariée à Charles Emanuel duc de Savoye, ny Marie promise au Prince de Galles, & depuis mariée à Ferdinand III. Empereur; Voila les

A 5

Filles

Filles qui descendent de Ferdinand d'Arragon & d'Isabelle de Castille, de Philippe I. & de Jeanne, & de Charles Quint leur Fils, Empereur.

16. Voyons celles qui descendent de Ferdinand I. Frere de Charles Quint, Elles ne renoncerent point, comme Elisabeth mariée à Sigismond Roy de Pologne, ny Catherine mariée au mesme Sigismond, ny Marie Femme du Duc de Julliers, ny Marie Femme du Duc de Mantoüe, ny Barbe mariée à Alphonse Duc de Ferrare, ny Jeanne mariée à François de Medicis, Duc de Florence, ny Anne Femme d'Albert Duc de Bavieres, ny Anne mariée à Philippe II. ny Elisabeth mariée à Charles IX.

17. Enfin nulle Fille de la Maison d'Austriche, n'a fait aucune Renonciation de cette qualité, excepté la Reyne Mere, & la Reyne.

18. Cét usage de plus d'un siecle & de plus de dix sept actes reïterez a establi une coustume, par la vigueur de laquelle les Filles ne peuvent renoncer aux Couronnes d'Espagne, car selon les Docteurs

une

une couftume eftablit un droit inébran-
lable.

19. Adjouftez, qu'un fi long-temps, & fi
conftant ufage eft conforme à la loy fondamentale d'Efpagne, & en eft l'execution.

20. Par le droit commun on ne peut
exhereder fes enfans fans fujet, or la Reyne n'a jamais defobey à fon Pere, dont il ne
peut l'exhereder.

21. La continuation de l'Exheredation
de la Reyne, faite par le Teftament de fa
Majefté Catholique, eftant une exheredation informe, & deftituée de tout fondement.

22. Les Enfans des Souverains ont dés
le moment de leur naiffance, les droits acquis à fucceder aux Eftats de leur Pere, &
transferent ces droits à leurs defcendans,
lefquels les exercent quand leur rang à fucceder vient conformement à la Loy.

23. Les droits font impreferiptibles &
inaliénables, les ordonnances de France &
d'Efpagne font remplies de ces fortes de
difpofitions.

24. La

24. La Reyne signa cette Renonciation, ou de son chef, ou à la persuasion de son Pere : De son chef cela ne se peut pas dire, à cause qu'elle estoit mineure, qu'elle agissoit par les Ordres du Roy son Pere, qui estoit son tuteur, qui porteroit son mineur de renoncer à une succession tres-avantageuse, en seroit responsable.

25. Si les Astres quittoient la routte que Dieu leur à prescrite, l'ordre du monde en seroit alteré ; Si les successions des Estats se changeoient suivant la passion des Princes, la tranquilité publique seroit continuellement troublée.

26. Les Loix doivent estre de Colonnes inébranlables des Couronnes, & la volonté des hommes, qui est changeante, ne leur doit pas prevaloir.

27. Les conventions des particuliers ne peuvent déroger au droit public.

28. La Renonciation est faite devant la benediction nuptiale ; & en ce cas-là la Reyne estoit sous l'authorité de sa Majesté Catholique, qui ne souffre pas seulement qu'elle renonce à un droit avantageux,

geux, mais qui l'oblige à cela c'eſt un Pere qui oſte à ſa Fille, contre le droit naturel, auquel perſonne ne peut deroger, ce qui luy appartient, pour le donner à une cadette ; l'Exemple de Jacob le monſtre, qui fut obligé d'eſpouſer Lya, quoy que le mariage euſt eſté contracté avec Rebecca, d'autant que ces conventions matrimoniales ne peuvent prejudicier à l'aiſnée, quoy qu'elle fut faite en faveur de la cadette.

29. Aprés la benediction nuptiale la confirmation de la Renonciation eſt inutile, d'autant que la confirmation n'adjouſte rien à ce qui eſtoit defectueux.

30. Il faut conſiderer deux temps ; Dans le premier elle eſtoit Fille du Roy d'Eſpagne, une mineure, ſous la conduite du Roy d'Eſpagne, & née ſujette ſous la domination du Roy d'Eſpagne. En qualité de Fille, c'eſtoit, comme parlent les Juriſconſultes, une eſpece de fureur, que de l'exhereder ſans cauſe, & meſme par avance. En qualité de Tuteur & Curateur, c'eſtoit un acte de mauvaiſe adminiſtration, que de la faire renoncer à des droits ſi avantageux. Et en qualité de ſujette, elle à droit de ſe

plain-

plaindre de fon Souverain, qui luy arrache
ce que le Ciel luy a donné.

31. l'Enregiftrement, qui en fut fait
dans le Confeil d'Eftat d'Efpagne, ne
l'authorife nullement, d'autant qu'il euft
fallu pour cela affembler les Eftats de chaque Royaume, la faire demander, & aprés
la faire publier particulierement en Caftille, en Arragon, Valence, Murcie, Majorque, Minorque, Andalufie, Sicile, Naples, Milan, Brabant, Hainaud, Comté
de Bourgogne, & dans les Ifles, qui font
hors de l'Europe.

32. Porter une Fille à renoncer à des
Souverainetez, c'eft entreprendre fur la
Providence Divine, qui ne donne pas aux
heritiers des Eftats, en effet ou en puiffance,
une naiffance fortuite, dont le droit foit
variable, felon l'intereft & l'ambition des
hommes.

33. l'Enregiftrement qui en a efté fait
peut-il prejudicier? nullement: la Reyne
eftoit mineure.

34. Cet Enregiftrement quoy qu'il foit
fait à la requefte du Procureur General
du

du Roy, neanmoins il ne donne aucune atteinte aux pretenſions de la Reyne, non plus que ſi ſur ſes conclusions, l'on verifioit un contract vicieux à un mineur ſans Curateur oû Procureur pour luy.

35. Ces Renonciations ſe doivent certifier aprés la Majorité, la Reyne ne l'a point fait, ny pû faire.

36. La Cauſe, ou, comme ils diſent la Capitulation de la Renonciation repugne à l'amour naturel des Peres vers leurs Enfans, elle deſtruit meſme le droit naturel, dont perſonne ne ſe peut diſpenſer.

37. Elle eſt contre les bonnes mœurs, puis qu'elle prefere l'ambition à la Juſtice, or les cauſes des contracts qui ſont contraires aux bonnes mœurs n'ont point de force.

38. Elle deſtruit la fin du Sacrement Saint de Mariage, car elle n'a lieu, qu'en cas qu'elle ait des Enfans.

39. Elle viole les vœux publiques, que toutes les Nations font pour la proſperité & longue vie des conjoints, puis qu'el-

le ne doit eſtre obſervée en cas de viduité.

40. Elle pourroit, ſi noſtre grande Reyne n'avoit une ame ornée de toutes les ver-
tus imaginables pour noſtre incomparable
Monarque, & pour Monſeigneur le Dauphin un amour infiniment ſuperieur à tous
les Empires de l'Univers, elle pourroit,
dis-je, luy inſpirer le deſir de la viduité &
de l'orbité, d'autant que ſous ces deux
mal-heureuſes & funeſtes conditions con-
joinctement priſes, elle demeure libre de
ſa renonciation, & eſt declarée capable de
ſucceder.

41. Toutes les Renonciations futures
ſont fondées ſur la faveur de ceux, au
profit deſquels elles ſont faites, & jamais
ſur la hayne du mary, & des Enfans qui
naiſtront du Mariage? Or celle-cy eſt baſtie
in odium, & a pluſtoſt pour objet l'exclu-
ſion de la poſterité de la Reyne, que la de-
miſſion des autres Princes & Princeſſes de
la maiſon d'Auſtriche.

42. Elle eſt tout à fait extraordinaire &
ſans Exemple, car elle ne prefere pas ſeu-
lement les Princes & Princeſſes de la Maiſon

son d'Austriche, à la Reyne & à ses descendans, mais elle luy prefere universellement tout le genre humain : c'est à dire les Heretiques, & les Infideles, les Estrangers & les Barbares, puis qu'elle porte qu'en nul cas, c'est à dire qu'en cas de ligne de la Maison d'Austriche ils ne pourront jamais succeder.

44. Elle est absolument contraire à la disposition du droit Romain, qui deffend d'avantager les Enfans du second lict au prejudice du premier.

44. L'on peut ainsi parler à sa Majesté Catholique. *Pourquoy me donne on un Mary, pourquoy souhaite on que j'aye des Enfans, si à cause de ces Enfans, si à cause de ce Mary, on m'oste l'esperance des Couronnes, où j'ay droit de pretendre?*

45. Sa Majesté peut continuer en ces termes, *j'advoue que le Prince que j'espouse est un present du Ciel, & m'est mille fois plus precieux que toutes les Couronnes du Monde; Mais j'estois d'assez bonne maison pour l'espouser; Mais un Pere est obligé par la Loy naturelle, & par la Loy civile à procurer à sa Fille un party proportionné à sa naissance; hé quoy? faut il que ce qui m'est deu par une obligation*
gation

gation naturelle me soit si cherement ven-
du, & qu'on me reduise à l'une de ces
deux extremitez, ou d'estre privée de ce-
luy qui est l'unique objet de mon amour, ou
d'estre despouillée de tant d'Estats & de Couronnes.

46. Sa Majesté peut encore poursuivre;
Il est facheux d'estre plus mal traictée non seulement que ma Cadette, & des parens estrangers
& en degré esloignés ; Mais de faire passer
devant moy des incornus & peut-estre des
Ennemis de nostre maison, pour succeder aux
Estats de mon Pere, c'est ce qui est indigne &
insuportable.

47. l'On ne doit considerer le testament
de sa Majesté Catholique parce qu'il
est visible, qu'il est suggeré, & partant
nul.

48. La Reyne d'Espagne qui est une
belle Mere, & qui s'en est fait declarer Re-
gente, est raisonnablement presumée d'a-
voir porté le Roy son mary à desheriter
sans cause legitime sa Fille du premier lict,
pour faire tomber sa succession à ses Enfans
qui sont du second lict, & à ceux d'Allemagne, qui sont estrangers, & qui est sa
Patrie, cela est palpable.

49. La

49. La Confirmation de la Renonciation eſt relative au contract de Mariage,
dont elle eſt nulle.

50. Ce qui eſt indubitable, car par le
contract de Mariage la Renonciation eſt
reduite *ad non eſſe*, par le manque de la
condition.

51. Cela ſe juſtifie evidemment par le
contract de Mariage, elle renonce quoy
que cette Renontiation ne puiſſe eſtre va-
lable pour quelque cauſe que ce ſoit, ſa
Majeſté dis-je, renonce moyennant le
payement effectif de cinq cens mil eſcus
d'or dans les termes; Et partant ce payement n'ayant pas eſté fait ny offert dans
les termes convenus, la Renonciation eſt
nulle, comme n'ayant jamais eſté faite.

52. En voicy une preuve convainquan-
te : tout acte conditionel ne prend ſa force, que par l'exiſtance de la condition, or
en ce cas, la condition manque, donc la
cauſe de la Renonciation eſt ſterile & ne
peut rien operer; Il y a mille textes dans le
droit qui confirment cette verité; cela n'a
jamais eſté revoqué en doute par aucune
nation que ce ſoit.

53. Ce

53. Ce terme, moyennant qui, est porté par le Contract de Mariage, immediatement aprés la constitution de la Dot de cinq cent mille escus d'or, est une condition sous laquelle est faite la Renonciation, & en est le fondement; Or ce fondement ayant manqué, la Renonciation tombe.

54. C'est une clause irritante & équipolente à cette proposition, moyennant que les cinq cens mil escus d'or soient payez dans les termes: or n'ayans pas esté payez, ny offerts, la clause est nulle.

55. Dans les actes odieux on observe exactement jusques aux moindres termes, comme dans le retraict lignagier,& dans le Testament, or la Renonciation est de droit odieux, donc il faut accomplir poinctuellement toutes les circonstances sous lesquelles il est stipulé à peine de nullité.

56. Le Testament qui confirme la Renonciation faite par le Contract de Mariage ne confirme rien, par ce que la Renonciation faite par le Contract de Mariage ne vaut rien.

57. Sup-

57. Suppofons que cette confirmation équipole à une exheredation, confiderons cette difpofition comme d'un Souverain, ou comme d'un particulier; fi comme d'un Souverain d'Efpagne, tout acte legitime doit eftre fondé fur la Loy, ou fur la couftume; Or dans l'Efpagne, il n'y a point de Loy qui permette l'exheredation fans caufe, il n'y a point auffi de couftume qui l'authorife, or par confequent l'exheredation, c'eft à dire la confirmation de la Renonciation eft nulle.

58. Il ne fe trouve aucun Exemple foit dans la Caftille foit dans l'Arragon, foit dans la Sicile ou dans le Royaumé de Naples, qui font des Couronnes feminines, que les Filles à fucceder ayent renoncé par des Articles de Mariages, ou qu'elles ayent efté privées de leur droit par des difpofitions teftamentaires.

59. Il y a plus en Angleterre, en Efcoffe, en Suede, & dans les autres Eftats qui tombent en quenoille : jamais on a obligé une Princeffe à renoncer, ny on ne l'a jamais par le teftament fruftrée du droit à fucceder.

60. Les

22

60. Les Roys ne font pas proprietaires de leurs Royaumes, ils ne les peuvent aliener, ny entre vifs ny pour caufe de mort, donc fa Majefté Catholique, n'a pû par fon Teftament ofter à la Reyne le droit de fucceder.

61. La Reyne fçait bien que ce droit, quant au general, ne luy peut efchoir qu'en cas que le Roy d'Efpagne, fon Pere mouruft fans Enfans ce qu'elle ne defire pas ; au contraire, elle luy fouhaite une longue, heureufe, & glorieufe vie ; mais fi ce mal-heur arrivoit, elle pretend qu'une Renonciation nulle, & un Teftament vicieux, ne luy puiffe nuire pour favorifer une Cadette, Fille d'un fecond lict, ou des parens collateraux, eftrangers de nation & de famille.

62. Il n'eft jamais veu en France, ny en Efpagne, ny en Italie, ny en Allemagne, que les particuliers dans les fubftitutions graduelles, qu'ils font, n'ayent appellé leurs Filles, & les defcendans aux biens fubftituez en deffaut des defcendans de ceux, au profit defquels les fubftitutions font faites, mais icy la Reyne & fes defcendans font exclus à perpetuité, donc
voila

voila une Renonciation contraire à la cou-
ſtume d'Eſpagne, & à l'uſage de toutes les
Nations de l'Europe.

63. Par la diſpoſition du droit civil, qui
ſe garde en Eſpagne, un Pere ne peut oſter
ſans ſujet à ſa Fille legitime ce que la Loy
luy defere ; Or la Legitime de la Reyne,
en cas du decés du Roy d'Eſpagne pre-
ſentement regnant, dont elle ſouhaite autant la conſervation & la proſperité que la
ſienne propre, eſt l'entiere ſucceſſion des
Couronnes d'Eſpagne, dont il ne la luy a
pû oſter.

64. Les exheredations prematures ſont
nulles, donc celle-cy eſt inutile, d'autant que le Roy d'Eſpagne Frere de la
Reyne ſe porte fort bien graces à
Dieu.

65. Les exheredations conceües ſous
des conditions futures ſont nulles, or
celle-cy eſt conceüe ſous la condition du
decés du Roy d'Eſpagne à preſent regnant.

66. En l'Eſpagne le droit de la puiſſance paternelle telle qu'avoient les Romains

ne se garde point, dont les substitutions pu-
pillaires n'y ont point de lieu, car elles
estoient fondées sur cette puissance, donc
la substitution de l'Infante en cas de
decés de sa Majesté Catholique est nulle.

67. Si la substitution de l'Infante & des
autres de la branche Teutonicque est fidei-
commissaire, elle est pareillement nulle,
d'autant qu'un testateur ne peut pas sub-
stituer par Testament à la personne insti-
tuée. Or le Roy d'Espagne n'eust pû oster
par son Testament ses Couronnes au Prince son Fils, donc il n'a pû les substi-
tuer.

68. Si le feu Roy d'Espagne avoit osté
au Prince son Fils ses Couronnes, les Espagnols n'y auroient nul esgard, ils di-
roient que les Couronnes d'Espagne ne se
deferent pas par les Testamens des Roys,
mais par la Loy fondamentale de l'Estat,
que l'on a egard à leurs Testamens quand
ils sont conformes à la Loy, mais lors
qu'elles y sont contraires, ils ne sont nullement considerez, & dans tous les Estats du
Roy d'Espagne, il ne se trouveroit pas un
seul homme qui fust d'avis contraire, &
par-

partant ce Teftament ne prejudicie aucune-
ment à la Reyne.

69. l'On ne peut ofter aux peuples leurs
Souverains fans leur confentement, or le
confentement manque.

70. Cela fe juftifie par les remonftran-
ces que firent les Eftats de Bourgogne à
François I. an 1526.

71. Il eft à remarquer que les Royaumes de Caftille, d'Arragon, de Valence, de
Majorque, de Minorque, Sicile, Naples
demeurans feparez fans eftre unis en un
corps de Monarchie, il euft fallu que la
Renonciation euft efté authorifée par les
Eftats Generaux de chaque Royaume, ce
qui n'a pas efté.

72. Les Renonciations dans les cas
mefmes, où elles font tollerées entre les
particuliers, doivent eftre fpecifiées fur
tous les lieux, ce qui eft un deffaut
effentiel en celle-cy pour les Provinces qui ne font point expreffement re-
noncées.

73. Il eft conftant que les Filles eftans

B   mineu-

mineures ne peuvent renoncer à une succession escheüe ; Or une Renonciation
faite à une Monarchie qui fait la Paix,
qui vray-semblablement ne peut diminuer, est comme renoncer à une succession
escheüe.

74. Parmy les particuliers un Pere peut
faire renoncer à la succession de luy Pere,
mais non pas à une succession Collaterale ;
Or la Reyne pretend rien à la succession
du Roy son Pere que le droit que certaines
coustumes attribuent aux Filles du premier
lict, à l'exclusion des Masles du second ;
mais sa Majesté pretend, que si Charles II.
son Frere venoit à deceder sans Enfans,
elle luy succederoit Collateralement à l'exclusion de l'Infante sa Cadette.

RESPONSES

Aux raisons que peuvent alleguer les Espagnols au contraire.

Premiere Objection.

LEs Contracts de Mariage sont de bonne foy, on les doit Religieusement
executer.

Je responds, que j'en tombe d'accord, mais s'il y a des Causes vicieuses, elles demeurent nulles sans neantmoins alterer ny gaster le reste du contract, elles sont infirmées, elles ne sont pas valables.

Deuxiesme Objection.

Les Renonciations des Filles mineures par Contract de Mariage sont authorisées en France par les arrests des Cours Souveraines, & par plusieurs coustumes.

Je responds I, que cela n'a lieu qu'aux successions des particuliers, mais non pas en la succession de la Couronne ; parce qu'elle est deferée par la Loy Salique, à laquelle on n'a jamais derogé ny pû deroger.

2. Il est inoüy qu'en France un Pere ait fait renoncer sa Fille aisnée d'un premier lict en faveur de sa Cadette d'un second lict, ou d'autres parens Collateraux, l'ordonnance de Charles IX. de 1567. le deffend expressement.

                    Troi-

Troisiesme Objection.

L'on suit en Espagne le Chapitre *quamvis*, qui authorise ces sortes de Renonciations, quand elles sont accompagnées de serment ; Or la Renonciation, dont il s'agit, à esté confirmée par serment.

Je responds que cela n'est pratiqué que parmy les particuliers, & non pas dans les successions des Couronnes, & qu'il n'y en a nul exemple dans le regiftres ny dans l'Histoire d'Espagne, toutes les fois que les Couronnes de Castille, d'Arragon, & de Navarre ont tombé sur la teste des Femmes.

Quatriesme Objection.

La Renonciation a esté enregistrée dans le Conseil d'Estat d'Espagne.

Je responds que cét enregistrement est inutile, par ce qu'il eust fallu pour cela convoquer les Estats Generaux, abroger generalement la Loy qui defere la Couronne, & en faire publier le decret dans tous les Royaumes, Duchez, Comtez & Seigneuries,

[...] la disposition Espagno-
[...] les tri-
[...] qui ne a point esté
[...] solemnellez p[...]
[...] si capable de ravir à une mineur [...]
[...] qui luy estoit acquis dés le moment
de sa naissance.

Cinquiesme Objection.

Les Traittez de Paix, & de Mariage ont
esté enregistrez au Parlement de Paris.

[...] au prejudice du droit de la Reyne, elle n'a point esté appellée ny son Procureur General pour elle, c'est une nullité essentielle ; de plus, un mary ne
peut pas prejudicier aux droits de sa Femme [...]

Sixiesme Objection.

Sans cette Renonciation, le Mariage
n'eust point esté contracté.

[...] que cette raison seroit bon
[...] la Renonciation, elle [...]

la Reyne, & si elle avoit esté demandée par le Roy , mais estant tres-prejudiciable à la Reyne , & n'ayant jamais esté demandée par la France, elle n'est pas considerable.

Septiesme Objection.

Le Roy s'est contenté de cinq cent mille escus d'or pour le Dot de la Reyne, dont il ne peut pretendre que cette somme.

Je responds, premierement, que le Roy de son chef ne pretend rien à l'esgard de ce contract, mais que cela ne nuit point à la Reyne; si le mary d'une mineure se contentoit en l'espousant d'une partie de ses propres, cela ne l'empescheroit point de faire condamner les possesseurs du reste à le luy rendre & restituer, cela ne reçoit point de difficulté.

Je responds secondement que les cinq cent mille escus d'or n'ayant pas esté payez dans les termes portez par le Contract de Mariage, mais offerts aprés; Sa Majesté Tres-Chrestienne a eu raison de les refuser, par ce que du manque du payement dans les termes convenus, s'en seroit ensuivy la resolution & l'aneantissement de la Renonciation, supposé mesme qu'elle eust esté la meilleure du monde.

Huictiesme Objection.

L'on a offert la Dot ; or les offres équipollent un payement.

Je responds que les offres faites dans les termes d'un payement equivalent un payement, mais quand elles sont faites aprés, elles ne liberent jamais le Debiteur.

Neufiesme Objection.

Sa Majesté Tres-Chrestienne, ne l'a pas demandé dans le terme, si elle l'eust demandé, on l'auroit satisfait.

Je responds que le terme porté par le Contract de Mariage, somme & interpelle, & que la Renonciation faite sous cette condition est nulle & resoluë.

Dixiesme Objection.

Les Renonciations se pratiquent en Espagne, mesme à l'égard des personnes qui pretendent à la Couronne,

tesmoins

teſmoins la renonciation faite par la Reyne Mere.

Je vous reſponds que la Renonciation
faite par la Reyne Mere, eſtoit eſſentielle-
ment nulle par les meſmes raiſons, & que
l'on ne peut rien inferer d'un acte eſſen-
tiellement nul.

Onzieſme Objection.

Les ſommes promiſes aux Filles des
Souverains pour le Dot ne ſe paye
point dans les termes convenus ; La
France ne paya point la Dot de la Reyne d'Angleterre, ny de la Ducheſſe
de Savoye, dans le temps convenu par le
Contract.

Je reſponds que cela arrive d'ordinaire, mais que ſi une clauſe deſavanta-
geuſe à la Fille, eſtoit inſeré au Contract
de Mariage, ſous la condition de payer la
Dot promiſe dans un certain terme, & que
l'on y manque, la clauſe ſeroit reſolue &
aneantie.

Douziesme Objection.

Cela se justifie par l'arrest du Parlement de Paris de 1593. President Monsieur le Maistre, par lequel les François, mesme les liguès avec l'Espagne contre Henry le Grand, tesmoignerent une aversion invincible pour l'union de ces deux Couronnes.

Je respons que les Espagnols aspiroient à l'union de ces deux Couronnes pretendans que l'Infante Fille d'Elisabeth, sœur de Henry III. & par consequent Niepce du mesme Roy, & beaucoup plus proche que Henry le Grand, devoit succeder à la Couronne de France, en quoy ils violoient la Loy Salique, qui exclud les Filles de la succession de la Couronne, mais icy le contraire arrive, on veut exclure une Fille de la succession de la Couronne d'Espagne, contre la Loy Fondamentale de l'Estat, qui l'y appelle.

Trei-

Treiziefme Objection.

Le cas de l'union des Couronnes arrivant, les François & les Espagnols ne s'accorderoient jamais, à cause de leur antipatie naturelle.

Je responds que cette antipathie est née des guerres ; que la cause cessante, l'objet cesse ; cela ce prouve par Philippe de Comine , qui rapporte qu'entre la France, & la Castille , y avoit alliance de Roy à Roy , de Royaume à Royaume , d'homme à homme : Mariane Espagnol en suite confirma la mesme chose.

Quatorziefme Objection.

Sans cette Renonciation les Couronnes d'Espagne , seroient transferées aux Estrangers , ce que les François pour la Couronne de France , esvitent par la Loy Salique , tesmoin le Cardinal d'Ossat.

Je responds que la France & l'Espagne, ont deux Loix fondamentales qui sont directerectement contraires ; Que celle de France conserve la Couronne aux Masles, & en exclud les Femmes, les Lis ne filent point, dit nostre Seigneur en Saint Matthieu, mais la Loy fondamentale d'Espagne, admet les Femmes à la succession de la Couronne d'Espagne,& pour monstrer que la Loy fondamentale d'Espagne, est la cause prochaine & immediate de la grandeur de la maison d'Espagne, c'est qu'elle s'est formée des Maisons de Bourgogne, d'Austriche, de Castille & d'Arragon, ce qui ne seroit jamais arrivé si la Loy Salique, qui exclud les femmes, eust eu lieu.

Quinziesme Objection.

Il est facheux d'estre dominé par des Estrangers.

Je respons que l'Espagne, à tousiours esté dominée par des Estrangers, premierement que du temps des fables Hercule surmonta les Gerions, secondement que depuis l'histoire elle tomba sous la domination des Carthaginois, aprés sous les Romains, de là sous les Gots ou les Vandales, sous les Maures, & finale-

B 6

nale-

nalement ſous l'Auguſte Maiſon d'Auſtriche , qui eſt Allemande , & partant
cette qualité d'Eſtrangers n'eſt point con-
ſiderable.

Seizieſme Objection.

Le droit d'Aineſſe eſt alienable par l'E-
xemple de Jacob, & d'Eſau.

Je reſponds que cela eſt myſterieux , que
par le teſmoignage meſme de l'Eſcriture
Sainte Jacob fuſt beaucoup inferieur en
puiſſance temporelle, & Eſau fut contraint
de ſe bannir du lieu de ſa naiſſance , & qu'à
ſon retour il le regarda & reſpecta comme
ſon Seigneur.

Dixſeptieſme Objection.

Le Roy peut abroger une Loy fondamentale.

Je reſponds que cela eſt vray , pourveu
que les Eſtats Generaux, le demandent , ce
n'eſt pas une marque d'impuiſſance de ne
faire mal.

Dixhuictiesme Objection.

Le Conseil d'Estat represente les Estats Generaux.

Je responds qu'il represente le Souverain, qui regne, & les Estats Generaux les peuples qui luy obeïssent.

Dixneufiesme Objection.

Il pourroit arriver de là que les Espagnols seroient sousmis aux François.

Je respons 1. Qu'en ce cas il se trouve des temperamens contraires & dissemblables.

2. Quand Ferdinand Espousa Isabelle de Castille, & Philippe d'Austriche Marie d'Angleterre ; dans les affaires concernans les Royaumes de leurs Femmes on les nommoit les Maris de la Reyne.

3. Qu'il se peut trouver encore d'autres milieux : Quand Jacques Roy d'Escosse ajeul de sa Majesté Britannique vint à la Couronne d'Angleterre 1603. pour se sauver

ver des inconveniens, l'on prit cét expe-
dient qui fuſt de le qualifier Roy de la
Grande Bretagne.

4. Que Philippe ſecond n'y regardoit
pas de ſi prés, & que ſi les François
euſſent conſenty à l'union des Couronnes
il euſt tout accordé pour cela.

5. Que les François ſont moins Eſtrangers aux Eſpagnols, que les Gots ou les Allemans.

6. Que Catherine Fille de Ferdinand &
d'Iſabelle, qui eſpouſa Artus & aprés Henry huictieſme Roy d'Angleterre ne renonça point ſous cette apprehenſion que les
Anglois ne fuſſent un jour Maiſtres de l'Eſpagne, ny Jeanne, qui eſpouſa Philippe I.
qui eſtoit Allemand.

7. Que Charles Quint, ny les Anglois
ne firent point cette difficulté au Mariage
de Philippe II. avec Marie Reyne d'Angleterre.

8. Que cette conſideration n'empeſ-
cha Ferdinand & Eliſabeth de marier
leur Fille en Portugal, & ſans renoncer,
bien

bien qu'il y euft & qu'il y a encore une antipathie infurmontable entre ces deux peuples.

9. Que l'on ne dit point en Efpagne que les Arragonois foient foufmis aux Caftillans, ny que les Efpagnols foient foufmis aux Allemans, ny en France que les Bretons, Provençaux & Dauphinois foient affubjettis aux François, encore que ces Provinces foient venües à la France,

10. Que les Gaulois & les Efpagnols eftoient autresfois à un mefme Maiftre fous les dominations des Empereurs Romains.

11. Que ce cas eft incertain : que le Roy d'Efpagne eft vivant, que la Reyne fa foeur luy fouhaite autant de profperité qu'à elle mefme, mais qu'il eft infupportable de voir qu'on veüille ofter par avance un droit qui eft naturel, qui n'eft point encore ouvert & echeu contre les voeux de leurs Majeftés Tres-Chreftiennes ; elles menageront avec moderation felon l'utilité des peuples, felon les juftes pretentions de divers Seigneurs Efpagnols & felon

lon les lieux & interefts de tous les Princes Chreftiens qui font dans l'Europe.

12. Que leurs Majeftés ne font point
agitez d'une ambition defreglée, qu'elles
fçavent qu'il faut fouvent relacher de fes
droits pour la fatisfaction generale du
monde.

13. Que fa Majefté Tres-Chreftienne
fçait que les Royaumes font des corps,
que ceux qui font grands font des geans, &
que ces tailles dans la politique comme
dans la nature font pluftoft monftreufes
que favorables.

14. Qu'en tout cas fa Majefté Tres-
Chreftienne en cela n'a point d'autre but
que de faire rendre juftice aux particuliers,
& aux fouverains, qui font defpouillés
de leurs biens & de leurs droits, d'efta-
blir une Paix inébranflable dans tous les
membres de la Republique Chreftienne,
& de la mettre en telle eftat qu'elle foit
redoutable à l'ennemy comme elle eft
perfuadée que la gloire d'avoir procuré
la feureté à tous les Potentats & à tous les
peuples de l'Europe eft mille fois plus
éclat-

éclattante que le titre de posseder toute la terre.

15. Que si la Couronne de France estoit feminine & qu'un Roy d'Espagne, en espousa l'heritiere ce seroit-là le Couronnement de ses desirs, mais la raison naturelle oblige de trouver bon en autruy ce qu'on approuve en soy-mesme.

16. Que cette union de divers interests en un mesme Prince esteindroit pour jamais jusqu'au moindres estincelles qui autrement pourroient à l'avenir rallumer la guerre entre deux puissances, & mettre encore toute la Chrestienté en feu, les particuliers embrassans avec audace ces belles occasions de terminer leur proces & de procurer à leurs familles, par la naissance d'un commun heritier, des droits contentieux en un repos eternel, il n'est point d'homme si prudent qui n'en use ainsi, ny de Nation, où un remede si doux & si innocent ne soit frequent & ordinaire.

17. Que les partisans de la Maison d'Espagne, pour colorer le dessein de la Monarchie ou elle aspire, soustiennent que le Chri-

Christianisme, est en peril evident à moins qu'il ne s'esleve dans l'Europe une domination proportionnée à la puissance du Turc, & capable de luy faire teste ; que les Ligues ne sont composées que de plusieurs pieces mal jointes, qui se rompent & qui se prennent fort facilement, que ce qui n'est uny, est moins fort que ce qui est uny; que de ce deffaut est procedé ce prodigieux agrandissement des Ottomans & la perte de tant de pais, que ces infideles ont enlevés aux Chrestiens. Si au jugement des Espagnols, si par leur confession il est necessaire pour le salut de la Chrestienté d'unir les Couronnes de France & d'Espagne, & de les mettre sur la teste d'un mesme Prince, n'est il pas mille fois plus à souhaitter que cela arrive par la justice, que par la violence, par une succession legitime & naturelle, que par une usurpation injurieuse & forcée, & en gardant avec Religion les loix fondamentales d'Espagne, qu'en voulant contre toutes sortes de droit & d'equité violer celle de France.

Ces raisons sont tellement convainquantes qu'il n'y a point d'homme quelque jaloux

jaloux & ennemy de France, qu'il puisse
estre, qu'il n'en soit persuadé, pourveu
qu'il luy reste quelque rayon d'équité & de
sens commun.

F I N.